PROPHÉTIES
DE
NAPOLÉON.

PARIS.

N. DELANGLE, ÉDITEUR-LIBRAIRE,
place de la Bourse.

—

1830

L

PROPHÉTIES

DE

NAPOLÉON

A L'ILE SAINTE-HÉLÈNE.

IMPRIMERIE DE SELLIGUE,
RUE DES JEUNEURS, N. 14.

PROPHÉTIES

DE

Napoléon

A L'ILE SAINTE-HÉLÈNE.

RECUEILLIES ET PUBLIÉES

PAR W. KILIAN.

N. DELANGLE, ÉDITEUR-LIBRAIRE,
Place de la Bourse.

—

1830.

AVERTISSEMENT DU TRADUCTEUR.

En Egypte, Napoléon passait pour un envoyé du ciel, à Berlin, il avait prédit certaines choses que Dieu seul pouvait connaître, et l'on sait en France qu'il eut de fréquens rapports avec une célèbre devineresse du faubourg Saint-Germain. L'apparition de cet ouvrage n'étonnera donc aucune des personnes qui ont vécu dans l'intimité de cet inexplicable génie.

A l'époque où le ministère de Charles X se disposait à établir les fatales ordonnances sur les débris de la charte, j'appris qu'un libraire de Londres venait

d'acheter d'un libraire américain le droit
de publier l'ouvrage que nous offrons
au public. D'abord je pensai que ce ne
pouvait être qu'une spéculation de li-
brairie, et le titre de *prophète* donné à
Napoléon me parut un de ces tours de
charlatanisme si communs en Angleterre. Néanmoins ce que j'avais entendu
dire à Londres de cet ouvrage, la profonde impression qu'il avait produite
dans l'Amerique septentrionnale, enfin
ma propre curiosité me décidèrent à
prendre quelques renseignements sur
l'authenticité de ces *prophéties*.

M. Lovemar, contre-maître du brick
le *Hue-street*, se chargea de voir à Philadelphie le libraire Hibermann, d'ob-
tenir de lui quelques explications, et,

dans le cas où elle seraient de nature à
à inspirer de la confiance, un exemplaire
des *prophéties* devait m'être envoyé. Cet
exemplaire arriva six semaines après le
départ du contre-maître, et avec lui co-
pie légalement certifiée des deux lettres
que nous avons placées en tête de l'ouvrage.

Si quelques passages de ce livre m'ont
semblé être le résultat d'une coupable
imposture faite au public, il en est d'autres, je l'avoue, qui m'ont vivement
frappé par un air de simplicité majes-
tueuse, de brusquerie sublime dont les
paroles de l'empereur étaient toujours
empreintes. Il y a des mensonges que l'on
ne peut pas faire, il y a des choses que
l'on n'imite pas.

D'un autre côté je n'ai pu me défendre d'une profonde émotion en réconnaissant l'admirable fidélité avec laquelle se sont accomplies celles de ces prédictions relatives aux événemens qui ont eu lieu depuis la mort de Napoléon. Le passé ne semble-t-il pas répondre de l'avenir et défier ainsi le doute et l'objection ?

Quoi qu'il en soit, je ne prétends pas imposer ma conviction à mes lecteurs. Je leur offre ce livre traduit avec la plus scrupuleuse fidélité. C'est à eux de voir si véritablement il le faut attribuer à l'homme extraordinaire qui mourut à Sainte-Hélène.

De la ferme de Morgon-House, près Philadelphie, le 8 février 1830.

MONSIEUR,

Pendant le peu d'années que mon père a passées à l'île Sainte-Hélène, il a eu, avec l'empereur Napoléon, des relations qui pourraient exciter l'intérêt public. Il en a fait, semaine par semaine, une sorte de journal que l'on m'engage à publier. Si vous étiez dans l'intention de traiter avec moi pour cet objet, je serais bien aise d'avoir pour éditeur un de mes voisins de campagne.

Agréez, Monsieur,

L'assurance de mon d voûment.

WILLIAM KILIAN.

A monsieur Hibermann,
   libraire à Philadelphie.

Marché passé entre M. Hibermann, libraire, et M. Kilian, fils.

Je soussigné reconnais avoir vendu à M. Hibermann, au prix de trois mille francs, un manuscrit ayant pour titre *Prophéties de Napoléon*, et d'environ 100 pages in-8°, dont je lui cède la propriété pleine et entière.

William Kilian.

PROPHÉTIES

DE

NAPOLÉON

A L'ILE SAINTE-HÉLÈNE.

———◆———

J'étais au nombre des marins qui montaient *le Northumberland*. La première fois que je vis Napoléon, c'est-à-dire, au moment où il vint à bord, mes yeux ne purent se fixer sur sa figure. J'éprouvai une sorte d'éblouissement ; il me sembla qu'une brillante lumière entourait sa tête.

Je le croyais un méchant homme, altier, dédaigneux.

C'est le plus doux, le plus populaire, le plus aimable des hommes : trois jours après que nous fûmes en pleine mer, on ne l'appelait plus que le *dear* (le cher) le camarade de vaisseau (*ships mate*).

Je crois que Napoléon a reçu du ciel une mission, et qu'il avait de fréquentes relations avec Dieu ou quelque esprit céleste. Ce qu'on va lire prouvera d'une manière irrécusable qu'il avait le don de pénétrer les secrets de l'avenir, qu'il était assuré de sa destinée, et que toutes les puissances du monde se seraient en vain opposées aux choses qu'il a faites.

Napoléon, à trois reprises différentes,

a pu s'échapper de Sainte-Hélène, la plus grande partie de mes camarades qui l'appelaient l'ami de Dieu (*the friend of the god*) étaient disposés à favoriser son évasion, il n'a pas voulu quitter Sainte-Hélène : « *Ce n'est pas ma destinée*, me dit-il, un jour que je lui en parlais, *le soir de la bataille d'Austerlitz j'ai su que je mourrais ici, mon cher Francis, dans cette île affreuse de Sainte-Hélène dont un chien, qui se respecterait un peu* (an honorable dog), *ne voudrait pas être roi.*

Une autre fois, il me dit : *On croit que je ne connais pas Sainte-Hélène, je la connais depuis long-temps ; en 1806, pendant tout le mois d'août, je fus obligé* d'y venir chaque nuit, et de me promener à Longwood. Vois-tu, mon cher Francis, mon gros Jonh Bull, il a fallu que la Saint-Napoléon fût placée tout à côté de la Sainte-Hélène. Cela te paraît bien ridicule et digne d'un prêcheur catholique, d'un mangeur de pommes d'Irlande; mais c'est comme cela.

A peine fûmes-nous débarqués dans l'île, que je m'empressai de former une conspiration en faveur de Bonaparte; car je craignais que la foudre ne tombât sur ceux qui auraient aidé à sa captivité, et qu'ils ne souffrissent de grands maux dans l'autre vie. Vingt matelots me donnèrent leur parole. Quand Bonaparte apprit ce que l'on préparait, il me dit :

« Que penses-tu faire ? » Et voyant un moustick posé sur une pierre, il l'écrâsa du pied en disant : « Tiens, c'était sa destinée, crois-tu qu'il eût pu l'éviter ? » Laisse Napoléon : si l'on a besoin de lui, on viendra le chercher. Ils ont eu besoin de moi en Égypte, ils sont venus me chercher à Paris. Je ne pensais nullement à eux, ne songeant qu'à exécuter les ordres de mon capitaine.

« Peu leur importe ce qu'on peut être. S'ils voulaient que tu fusses pape, ils ne s'inquièteraient guère de savoir si tu es anglican. Il y a maintenant au lycée Bonaparte (collége Bourbon) un jeune mathématicien qui sera un jour roi des Pays-Bas : avant quinze ans .» J'ai remarqué souvent qu'en parlant de la destinée à laquelle il obéit, Napoléon dit toujours : *ils*.

Chaque fois que Napoléon me voyait il m'appelait à lui me disant : «Ta figure me plaît, *gros pouf*, j'envie ton sort, tu ne seras jamais qu'un matelot. »

Il ne voulait pas me parler devant témoins, anglais ou français. Un matin qu'il se promenait dans le jardin avec M. le comte de Las-Cases, M. Gourgaud et d'autres personnes que je ne pourrais citer, m'ayant aperçu à quelque distance, il me fit signe d'approcher, et comme je m'apprêtais à lui parler, il m'imposa silence me commandant de m'expliquer par certains gestes con-

venus entre nous ; cela fit beaucoup
rire les personnes qui étaient présentes :
elles ne soupçonnaient guère que Na-
oléon m'anonçait, dans le moment, la
riste *intuition* qu'il avait eue pendant
a nuit. Marie-Louise s'était présentée
lui, à moitié endormie dans les bras
'un homme.

La soirée de ce jour fut affreuse pour
apoléon. A minuit je me glissai sous
es fenêtres de son appartement, je l'en-
endis se plaindre douloureusement,
es sanglots auraient attendri une bête
éroce.

J'aurais dû faire connaître d'abord
ar quel hasard j'ai mérité la confiance
e Napoléon : c'est une chose fort sim-

ple à raconter. En quittant l'Angleterre j'avais acheté quelques douzaines de dés à jouer tant pour moi que pour ceux auxquels j'espérais les vendre. Au moment où j'en tenais un certain nombre dans ma main, Napoléon s'approchant vers moi : « Mon brave, me dit-il, jetez à terre cette poignée de dés, et je vous gage vingt guinées que vous amenerez le nombre 75. » Je jetai les dés. Quel fut mon étonnement, mon admiration, lorsque comptant les points je vis en effet le nombre 75! Un tremblement subit s'empara de tous mes membres. Napoléon me regarda en riant. A quelque temps de là, me voyant boire dans une bouteille de rhum : « Il faut

garder celà pour mercredi soir,» me dit-
il. Ce jour-là en effet nous fûmes assaillis
par un grain qui me mouilla jusqu'à
la moëlle des os ; je fus bien heureux
d'avoir ma bouteille pour me réchauffer,
et je ne doutai plus de ce moment que
l'empereur des Français ne fût un
homme *incompréhensible.*

Peu de jours après notre arrivée dans
l'île, ayant rencontré Napoléon sur le
chemin de *Corbelt*, je lui demandai s'il
pourrait me donner des nouvelles
d'une fille naturelle que j'avais à Korck,
petite ville d'Irlande, située au bord de
la mer : « Demain matin, répondit-il,
viens me voir après le déjeûner ; apporte-
moi un bouquet de fleurs, et je te répon-

2

drai ». J'allai l'attendre à la porte de Longwood. Il était suivi de M. Marchand et de quelqu'autre personne de sa maison. Il me fit comprendre qu'il ne pouvait me parler en ce moment. Je revins donc à différentes fois. Ce ne fut qu'à dix heures du soir, qu'entendant marcher sous les fenêtres de son appartement, il me cria : «C'est toi, mon *Pouf?*» Ta fille est bien heureuse maintenant ; car c'est une heureuse chose que d'avoir fait sa besogne aussi vite. Crois-tu au ciel, mon bon Francis ? — Oui, Sire. — Voudrais-tu y aller ?—Pas encore, plus tard. — Eh ! bien, si tu y vas plus tard, tu y trouveras ta fille; car elle n'est plus dans la vie, elle est allée où vont les enfans quand ils meurent. »

Je ne pus m'empêcher de verser des larmes, ne doutant pas de la vérité de ces paroles. Chose singulière ! je reçus quelque temps après des nouvelles d'Europe qui m'annonçaient que ma fille était en bonne santé. Elle n'est morte qu'un an plus tard, mais au jour et à l'heure même fixés par Napoléon. Comment expliquer cette précision et cette erreur ?

Depuis ce moment, je n'ai pas manqué une seule fois d'aller attendre à dix heures sous les fenêtres de Napoléon ; le plus souvent il me parle : à cette heure, il a les yeux fixés sur la constellation d'Orion. Dans le voisinage de cette constellation, il aperçoit une étoile qu'il m'a montrée plusieurs fois, mais que jamais je n'ai pu distinguer. La vue de cette étoile lui donne parfois des accès d'une gaîté folle; d'autres fois elle le jette dans un spleen effrayant.

Mardi , 9 janvier.

J'étais en sentinelle sur la pointe d'un rocher qui domine d'affreux précipices, noirs comme l'enfer. J'ai vu paraître Napoléon sur le bord d'un de ces ravins : il était à cheval, et s'est arrêté immobile un quart-d'heure environ, puis il est descendu de cheval, et, s'accrochant tantôt à un arbuste, tantôt à une roche, il a gagné le fond du précipice, où il s'est assis la tête découverte, et tenant son chapeau sur ses genoux. Ma garde finie, je courus vers lui. « C'est singulier, me dit-il, Pouf vient toujours quand j'ai du chagrin. » Napoléon avait les yeux remplis de larmes. Je lui ai adressé plusieurs questions, auxquelles il n'a pas répondu ; puis, se levant tout-à-coup d'un air furieux et enfonçant son chapeau violemment : « Quelle horreur ! s'écria-t-il, corrompre les mœurs d'un enfant pour l'empêcher d'être homme ; mon pauvre enfant ! O les barbares ! les infâmes coquins ! » Il regagna la cime des rochers presque en courant, malgré les douleurs qu'il éprouvait dans les jambes, et au risque de se briser la tête, s'il eût fait un faux-pas. Je tremblais pour sa vie. Il monta à cheval, et partit au galop.

Napoléon parle anglais avec une grande facilité. Il est bien étonnant qu'à son âge il ait pu apprendre si rapidement une langue étrangère. Lorsqu'il est arrivé sur le Northumberland, il ne savait pas dix mots anglais : maintenant il parle aussi bien que possible, à l'exception d'un léger accent italien.

Jeudi 18.

Ce matin il passa près du corps de garde, et m'ayant aperçu, il me fit signe de le suivre.

Arrivés dans le fond de la vallée, nous nous assîmes sur un tertre de gazon. Il me demanda : Connais-tu ma

vie ? — Pas entièrement. — Connais-tu
cela, dit-il en tirant un crayon de sa
poche et écrivant sur les feuilles blanches d'un livre qu'il tenait à la main :

Austerlilz ?

RÉPONSE.

Oui, mon général, tout le monde con-
naît cela.

NAPOLÉON.

Et celle-ci : *Marengo !*

RÉPONSE.

Les petits enfans de Londres connais-
sent Marengo.

NAPOLÉON.

Il m'en faut encore une, j'y tiens : *Iéna.*

RÉPONSE.

Il y a long-temps que nous connais-
sons Iéna, si bien qu'en arrivant à Paris lorsqu'on nous dit: Vous allez voir
le pont d'Iéna, nous nous attendions à
ne voir que de l'or et des diamants, et
nous fûmes fort étonnés de ne trouver
qu'un pont de pierre.

NAPOLÉON.

Arcole.

Rivoli.

Castiglione.

Milan.

La Moscowa,

Aboukir.

Les Pyramides.

Eylau. Qu'est-ce que tout cela? »

Il déchira le papier sur lequel il avait écrit ces noms, et le jeta : il faisait un vent très-violent, la feuille déchirée fut emportée rapidement et disparut à nos yeux. « Vois-tu, Francis, me dit Napoléon, vois-tu? autant en emporte le vent; » puis il ajouta « J'ai bien travaillé, mais inutilement, une seule faute a détruit toute ma vie, c'est le père Patrault qui m'a tenu au cœur. Les rois sont bien coupables d'avoir de la tendresse et des souvenirs. J'ai laissé revenir les jésuites. Ils feront plus de mal que je n'ai fait de bien. Ils mettront le feu aux quatre coins de la France. On voudra les chasser! Ah! oui, chasser les jésuites! c'est impossible. Arcole, Rivoli, Castiglione, Milan, la Moscowa, les jésuites sont plus forts que vous, plus forts que Marengo! Le pont d'Iéna sera renversé avant les jésuites.

Lundi 22.

Napoléon m'a dit: « Tu étais bien étonné l'autre jour; tu ne sais pas ce que c'est qu'un jésuite. Ni moi non plus. Mais l'année 1825 les sentira; je suis bien coupable de les avoir laissés entrer en 1801.

En 1831, ils seront plus puissants que jamais.

On les croit exilés, ils sont tous à Paris ; leur chef est à Paris, déguisé.

Ils s'entendent, ils communiquent au moyen d'un journal qui deux fois la semaine leur est envoyé par un libraire de leur coterie.

Ils seront cause de grands malheurs, de beaucoup de larmes.

Les Bourbons ne sont pas méchants et feront néanmoins beaucoup de mal. Tout cela viendra des prêtres, dont on ne veut plus. »

Dimanche 28.

« Dans l'année 1830, la Seine sera rouge de sang depuis Bercy jusqu'à Saint-Cloud. »

O mon fils vois-tu ce drapeau ! C'est le drapeau d'Austerlitz !

de Wagram

de Marengo.

d'Iéna.

O mon fils, vois-tu ce drapeau ?»

Du jeudi, 1ᵉʳ février.

«Dans la sixième année qui suivra une grande catastrophe, il y aura toute une famille célèbre qui sera brûlée dans son palais. »

« Dans la cinquième année , horrible tempête qui réduira la flotte d'Angleterre à dix vaisseaux de ligne. Grand événement dans Londres ; pleurs, déso-

lation , révolte ; la surabondance de la
population fera couler bien du sang. »

Du même jour.

Napoléon fut un moment ébranlé par
les douleurs dont il était tourmenté , et
qu'il attribuait à la dureté du climat :
il me demanda si les hommes qui avaient
voulu le délivrer étaient toujours déci-
dés ; je répondis affirmativement. Après
deux heures de méditation silencieuse ,
Napoléon me demanda s'il valait mieux
aller en Angleterre qu'en Amérique , et
comme j'hésitais à lui répondre : « Oui,
dit-il, je veux me sauver, lutter contre
ma destinée. » Il s'arrêta quelque temps
encore , immobile, les bras croisés sur sa

poitrine, et ne sortit de cette longue rê-
verie qu'en s'écriant : « Non, monsieur,
non, c'est impossible, la destinée est
plus forte que Napoléon. Allah! Dieu est
grand ; la destinée, c'est Dieu. »

Du 3 février.

« Les Français se lasseront de leur
tranquillité et voudront la gloire des
temps passés ; mais il est plus facile de
tomber dans l'anarchie que de consti-
tuer une république florissante où la
guerre et le commerce enrichissent la
nation. »

Napoléon vint à moi dans la matinée
et dit :

N.

« Francis, nous avons de grandes nouvelles. »

F.

« Le général est-il enfin décidé à rompre ses menotes ? »

N.

« Non pas. »

F.

« La France vient-elle à son secours? »

N.

« La France ! ô non, oublieuse comme une femme. »

F.

« Les rois de l'Europe reviennent-ils à des sentimens d'humanité ? »

N.

« Non , ce n'est pas cela , rien de tout cela ; mais hier soir , à dix heures , elle est revenue , cette étoile , et si tu savais quelles choses se préparent. Hélas ! mon fils aurait dû jouir de cela , mais la destinée le défend ; il ne sera jamais roi de France. »

Du 7 février.

Napoléon vint à moi tandis que j'étais assis au pied d'un arbre-à-gomme , et il me dit : « Mon pouf , tu dors là , que tu es heureux d'avoir été créé matelot. Tu dors , toi ; que t'importe le coin où tu reposes tes membres. L'univers est le

chez soi (*Home*) du matelot; mais moi,
je n'ai pas même les nuits. Je commençais
à me reposer pendant l'orage qui a brisé
la toiture de M. Bertrand. Voilà que
Mahomet vient à moi et me dit : « Mon
frère, pourquoi n'as-tu pas écouté ce
que Dieu te disait en Égypte? Tu as lutté
contre ton étoile; il fallait prendre *Le
Koran* d'une main et de l'autre ton in-
vincible épée, répandre par l'univers des
lois analogues à celles qui doivent leur
naissance à Mahomet. Aujourd'hui l'Europe entière serait napoléonienne ! Qui
donc réparera la faute? car il faut que
cela soit. Ne vois-tu pas qu'ils m'ont
envoyé à la décadence de l'empire d'O-
rient comme ils avaient envoyé J.-C.

3

à la décadence de la république ro-
maine. Ils t'avaient mis là pour cons-
tituer à la place de l'empire d'Europe
frappé dans toutes ses bases. Mais tu n'as
pas voulu faire d'autre religion que
l'honneur ; une religion terrestre qui
ne venait pas d'en haut. Quelle faute,
mon frère! Tu verras que de désordres!
comme les peuples vont se jeter l'un
sur l'autre, comme ils vont s'entre-dé-
chirer, s'entre-dévorer ; car c'est Mahomet qui te le dit. La guerre ne sera plus
la guerre, des batailles rangées, des
meurtres organisés pour ne pas aller trop
loin ; ce sera un carnage, une épou-
vante si grande, si grande, que les hommes se suicideront pour ne pas rester sur

cette terre désolée. La terre, la terre, ô mon frère Napoléon, la terre sera semblable à un cadavre sanglant et en putréfaction.

Napoléon passa la main sur ses yeux et se mit à pleurer abondamment, disant : « Dieu m'avait envoyé pour régénérer le monde, et je l'ai laissé sans doctrines qui le soutiennent. J'ai pensé trop à moi peut-être, aux doctrines pas assez. Que Dieu me prenne dans sa miséricorde, mon cher Francis, qu'il sache ce que je souffre ici, les chaînes dont je suis tout couvert et qu'il ne me permette pas d'achever ma journée. Oui, je le sais bien, et Mahomet a raison, j'aurais dû apporter une religion en Europe, *ils m'avaient*

envoyé en Orient pour cela. Mais je n'ai
pas eu assez de confiance en mon étoile,
j'ai craint d'échouer dans cette entreprise. Oui, Francis, oui : la foi trans-
porte les montagnes : Jésus-Christ avait
foi en son père, Mahomet avait foi dans
Allah, les miracles qu'ils ont opérés
venaient de leur foi.

« Tout le monde n'est pas organisé
pour avoir une foi comme la leur. Il
faut une forte tête pour une forte pensée, et la foi n'est autre chose que la
pensée qui croit. »

Il ramassa une pierre, et la tenant dans
la main, il ajouta : « Qu'est-ce que la
force? Explique-moi cela. Pourquoi y
a-t-il de la force dans mon bras et n'y

en a-t-il pas dans cette épée? S'il y a de
la force dans mon bras que Dieu a créé,
pourquoi ne s'en trouverait-il pas dans
ma pensée que Dieu a également créée?
et, si ma pensée est grande, pourquoi
n'aurait-elle pas une grande force? Or,
mon cher Francis, la pensée de l'homme
peut embrasser le monde: vois-tu comme
elle est vaste et combien grande doit
être sa force! »

Puis il ajouta avec un sourire : « Tu
ne me comprends pas, n'est-il pas vrai,
heureux matelot?

« Hélas! Je vois encore Mahomet,
j'entends encore sa voix semblable aux
sons d'un harmonica et qui me faisait
vibrer les nerfs. »

Alors j'interrompis Napoléon, et lui demandai comment et sous quelle forme Mahomet lui avait apparu.

Il me répondit : « C'est une grande erreur de penser qu'ils doivent être vus avec les yeux de l'âme comme on voit avec les yeux du corps.

» Tu me demandes comment Mahomet est venu à moi ; tu voudrais, sans doute, que je te dise :

S'il a les yeux bleus ?

Le nez rond ou crochu ?

Cheveux châtains ?

Barbe brune ?

Visage ovale ?

Front moyen ?

Sourcils arqués?

Dents blanches?

Enfin, un signalement tel qu'on pourrait le donner à la préfecture de Paris? Mon cher Francis, je ne sais comment le prophète était sur la terre, je n'ai pas vu ni touché ses formes : il a parlé à mon âme, mon âme l'a entendu, il s'est présenté aux yeux de mon intelligence, mon intelligence l'a vu distinctement. Voilà tout. »

Napoléon s'arrêta quelque temps, et dit encore : « Voilà tout! »

Je crus un moment que la tête du général allait succomber sous le poids des grandes choses qu'il avait vues pendant la nuit, il s'écria :

« Oui, Dieu est grand !

Très grand !

Maria !

Santa Helena !

Maria ! Maria !

Rendez-moi mon fils !

Mon cher fils !

Jamais mon fils ne sera roi.

Mon fils mourra avant 1835. »

Du

« Dieu est Dieu et Napoléon est envoyé. Il viendra des temps où le monde
sera heureux, où les bonnes intentions
seront dans le cœur de tous les hommes
comme les mauvaises y sont aujour-
d'hui.

« Mais, avant cela, la terre doit être régénérée, lavée dans le sang : il restera un homme sur mille.

« J'ai confié bien des secrets à la reine de Prusse : elle savait mes intentions, elle ne m'aimait pas, elle m'adorait comme on adore Dieu, en tremblant. La moindre caresse, un mot tendre sorti de ma bouche la jetait dans un bonheur extatique dont j'avais peine à la tirer.

« Il y a dans le département de la Haute-Marne un prêtre d'une haute stature, d'un grand âge (il doit mourir cette année), qui deux fois est venu à Paris pour me communiquer les intentions qu'il avait à mon sujet! Il m'a pré-

dit Moscow, Leipsig, la Bérézina. J'ai
refusé de croire à ce qu'il me disait, at-
tendu que mon étoile ne me découvrait
pas ces malheurs. Néanmoins, frappé de
respect pour sa science où j'entrevoyais
du vrai, je lui ai donné la croix de la
réunion en lui recommandant la discré-
tion.

« Mᒻᒻᵉ Lenormant m'a montré Sᵗᵉ-Hé-
lène et m'a fait le dessin de cette île sur
la boiserie d'un appartement qui existe
encore dans la rue de Tournon.

« Elle m'avait écrit en différents lieux :
Plantation-House.
Hut'sgate.
Long-Vood.
Marchand.

Bertrand.

The Town and Hudson-Lowe. »

Napoléon dit, en riant aux éclats :
« La sybille a oublié maître Pouf. »

Du 20 février.

« Les arts utiles aux hommes leur
deviendront un jour funestes , ce qui
produira la décadence des arts. Le mé-
canisme employé pour venir au secours
des bras, rendra un jour les bras inutiles;
la canalisation qui devait fertiliser les
terres, sera employée contre les peuples,
et les hommes, ne respectant plus ce que
la nature a fait, changeront le cours
des rivières et des fleuves. Le Nil sera

détourné vers la mer Rouge avant son entrée en Egypte, ce qui réduira cet empire au plus affreux état de désolation. D'autres fleuves et rivières, le Danube, la Seine, le Mississipi, seront détournés de leurs cours et causeront des inondations, de grands malheurs. »

Du même jour.

Les Anglais se révolteront contre la bigotterie des Anglicans et secondés par tous les étrangers qui se trouveront à Londres, dans l'année 1836, vaqueront à leurs affaires le dimanche, donneront des fêtes, sortiront en voiture, etc.

Du 21.

« Il sera institué des fêtes en France en l'honneur du fanatique qui a voulu m'assassiner à Schœnbrun. Chose singulière et qui peint bien le caractère inconséquent des Français, ceux-là même qui vénéreront le plus ma mémoire seront ceux qui auront le plus d'admiration pour ce jeune fou. »

Du même jour.

» Encore du sang des Bourbons : Ils assassinent le duc de Berry, sa jeune femme est couverte de sang. J'ai horreur des assassins. Qui donc a mis en honneur

cette lâche manière de combattre un
ennemi? »

Napoléon m'a dit que le dévouement
de Scœvola avait toujours paru à ses yeux
le fait d'un enragé, d'un cerveau brûlé
plutôt que le fait d'un Romain. « La
farce du poing brûlé, disait-il, est tout
au plus digne du théâtre. »

Du 22.

« Je mourrai misérable sur mon rocher avant peu de temps. Encore quelques jours, que le soleil se couche encore
quelques fois derrière cette triste étendue
d'eau, et tu ne me verras plus. Alors les
rois croyant avoir retrouvé la tranquillité

s'endormiront sur leur trône, disant *Le boute-feu de l'Europe n'est plus !*

« Insensés, qui donc a retenu les peuples prêts à se jeter sur vous? qui donc a fait la paix avec les peuples et les rois? Vous allez voir !

« Le roi de Prusse n'y tiendra pas, celui des Pays-Bas non plus, et avant l'année 1840, l'Angleterre sera en république. »

Du même jour.

« Heureux le propriétaire d'un petit champ qu'il cultive lui-même, l'homme qui voit croître autour de lui sa jeune

famille, qui à dîner mange des choux et
du lard au milieu des garçons de charrue,
et qui le soir donne le bras à sa femme
pour aller cueillir des cerises sur le cô-
teau voisin. Voilà comme j'aurais été
heureux.

« Du reste, ce bonheur ne peut guère
être connu en France aujourd'hui; la
révolution a tout bouleversé, elle a privé
les anciens propriétaires, et les nouveaux sont encore inhabiles à cette jouis-
sance. En Angleterre, c'est différent. Je
vois d'ici ta famille, mon bon Francis,
qui fait cuire des pommes de terre avec
du lard, dans une grande marmite. Il
semble qu'il y en a pour toute la ville
d'Yorck, et cependant la marmaille va

dévorer tout cela. Comme ils sont heureux! Oh! pourquoi le roi de Rome n'est-
il pas au nombre de ces enfans? comme je
serais content de le voir ainsi jouer et
s'épanouir sur le bord de la mer ! Pourquoi Napoléon n'est-il pas un bon matelot qui est heureux et qui chante quand
il a gagné douze penies dans sa journée?

« Le matelot chante, et l'empereur
soupire.

« La femme du matelot attend que la
terre soit tombée sur les os de son mari
pour donner à un autre l'entrée du lit
nuptial. Marie-Louise que j'aimais aura
des enfans d'un homme obscur d'Alle-
magne, et l'empereur des Français est
contraint de voir cette injure qu'un lieu-

4

tenant d'artillerie n'endurerait pas. A
dix-huit ans, quand j'aimais mademoi-
selle de la Colombière, j'aurais dû l'épou-
ser et vivre avec elle dans le coin d'un
village.

« Dans ce temps-là, si on m'eût dit:
Donneriez-vous votre maîtresse pour un
trône, j'aurais dit : Non. Mais une fois
que j'ai eu le trône, je ne songeais guère
à aimer.

« Quand Louis XVIII était à Hartwell,
il était plus heureux qu'il ne l'est aux
Tuileries maintenant.

« Quand son frère sera au château de
Lulworth, il ne regrettera pas les Tuileries.

« Le bonheur, c'est le repos et l'aisance. Celui qui a l'un et l'autre et qui court après le bonheur est un fou qui court après l'ombre du chapeau qu'il a sur la tête.

« Le duc d'Orléans regrettera souvent ses bois de Neuilly, où tant de fois il eut le bon sens de résister aux instigations des ambitieux. Comment peut-on consentir à devenir roi quand on est un bourgeois aisé, le chef d'une nombreuse famille ?

« En vérité, je vous le dis, le duc d'Orléans montrera plus de courage que Curtius. »

Du 23.

« Les avocats ! les avocats ! Je les vois brouillant la France ; ce sera pour notre

malheureuse patrie la plaie des saute-
relles qui dévorèrent l'Égypte.»

« Les avocats dans le gouvernement
sont la pire chose du monde, tout leur
amour est pour le *parlage*, et comme le
gouvernement fort et tranquille ne prête
en aucune façon au *parlage*, ils n'ai-
ment pas un gouvernement tranquille. Il
faut à ces gens-là de l'eau trouble pour
pêcher. Robespierre était le type de l'a-
vocat dans le gouvernement. Vous verrez, hommes et femmes de France, ce
que vous feront les avocats, dans les
années 1830, 1831 et surtout 1833.

«L'avocat, dans une chambre législa-
tive, est un dissolvant continuel.

« Pourquoi avais-je en dégoût les

avocats? c'est que je savais depuis long-
temps que ce serait un avocat de Bor-
deaux qui le premier jetterait en France
le cri d'alarme contre moi. Comme
si le gouvernement des prêtres valait
mieux que le gouvernent de la justice.

« On fait tout ce qu'on veut d'un
avocat, lorsqu'on a de l'argent à lui
donner (ou bien encore de la fumée,
car ils sont tous vains comme des
femmes).

« Voyez les avocats au palais, ils
sont vains et avides. Croyez-vous, élec-
teurs, que vous les changerez en les
nommant vos représentans ? »

« Foy est un brave homme. Il n'est

pas avocat; Croyez-vous qu'il ne sache
pas aussi bien son affaire que tous
ces parleurs? Celui-là , les Bourbons
ne l'achèteront pas. Foy mourra de
chagrin. 1828 ne le verra pas. Il
mourra sans que personne connaisse la
cause de sa mort. C'est que Foy n'osera
pas dire à la France qu'il n'a pas reçu
à la Cour l'accueil sur lequel il devait
compter. Comme Racine, Foy mourra
de chagrin.

« En 1830 la France aura oublié Foy
et ne songera pas à lui élever une statue. La France est une femme enthou-
siaste et capricieuse. Elle aime ses amans
en vraie folle; puis elle les abandonne
pou n'en plus parler.

« En 1828 il aura du sang dans Paris, mais qu'est-ce qu'une émeute quand les troupes veulent faire leur devoir ?

« 1827 ne verra pas Manuel ».

« Le catholicisme croira remporter en Angleterre une grande victoire dans l'année 1829. C'est une erreur, le catholicisme, comme toute religion révélée, ne vit que des persécutions ».

Du 7 avril.

« Dans les années 1827, 28, 29, 31, on publiera sur moi des Mémoires remplis d'inexactitudes et de faussetés. Ceux qui se disaient mes amis profiteront de l'engouement du public pour me calomnier avec une perfidie atroce. »

Alors Napoléon tira son épée, et, comme nous étions assis sur une roche grisâtre, il traça sur la pierre les noms suivans; je les ai copiés (1) :

Constant,

Las Cases,

Bourienne,

O'Méara,

Gourgaud,

Montholon,

Walter Scott,

Fain,

Le préfet du palais,

Pouf, etc. »

« Quoi ! dit-il, ces gens-là feront donc

(1) On s'étonnera peut-être de l'exactitude avec laquelle mon père a retenu certains détails qui

l'histoire. Pouf, gros coquin d'histo-
rien!»

« On découvrira un trésor de cent
vingt-cinq millions dans la rivière qui
arrose les promenades de Reims. Celui
qui découvrira ce trésor sera assassiné
par son fils, et comme ce fils n'a pas
d'héritier au degré successible, le pré-
sident de France ordonnera que le tré-

doivent lui être étrangers. Comme je lui en faisais
un jour l'observation, il me dit: «Ce que Napoléon
me disait se gravait dans ma tête d'une façon ma-
gique. Le soir, aussitôt libre, j'écrivais mot à mot
toutes les paroles, j'aurais retenu un sermon entier,
prêché par Napoléon.»

sor soit partagé entre tous les hospices de la nation. »

Du 16.

« A Argentan, petite ville de Normandie, deux cents personnes seront empoisonnées dans le mois de juin 1831. Cet affreux événement sera occasioné par la jalousie d'un jeune homme qui trouvera ainsi le moyen de se venger d'un rival. »

Du même jour.

« A Joigny, événement à peu près semblable dans le mois de septembre 1830. »

Du 24.

« La ville de Vienne sera dans une grande douleur dans les premiers jours de janvier 1832.

« A Paris, mort de Cambacérès en 1825.

« A Londres, mort du roi en 1830 »

A ces mots, Napoléon ajouta : «Cinq et cinq font dix; En 1835, mort du roi Charles. Trois rois en France et pas un.»

Du 29.

Napoléon était couché sur son canapé, qu'il avait fait approcher de la fenêtre; il me reçut de fort mauvaise humeur.

« Que voulez-vous? pourquoi me tour-
menter? » Telles furent les paroles avec
lesquelles il m'accueillit. J'allais sortir,
lorsque Napoléon m'ayant engagé à ne
plus le troubler dorénavant comme j'a-
vais accoutumé de le faire, j'osai lui
demander quels pouvaient être les mo-
tifs d'une réception si sévère après tant
de bontés.

NAPOLÉON.

Tant de bontés !... trop !... du reste...
à quoi bon.... tout ce que je vous ai dit
est perdu.

FRANCIS.

Perdu, mon général?

NAPOLÉON.

Confié à la mémoire d'un matelot! Un pot de bière vous resterait plus long-temps dans le souvenir.

FRANCIS.

Le général veut-il permettre que je lui prouve la fidélité de ma mémoire?

NAPOLÉON.

Voyons cela.

FRANCIS

Quel entretien désirez-vous voir demain à cette heure?

NAPOLÉON.

Le troisième.... Est-ce que vous auriez écrit, Francis?

FRANCIS.

Oui, général.

NAPOLÉON.

Oh! toi, mon pauvre Pouf! comment toi, un ivrogne, un butor, mon cher Francis! Tu comprends donc à qui tu as affaire? Quoi! en vérité, tu as écrit tout ce que je disais? et tu pourrais me le montrer? et ce que je t'ai dit n'est pas perdu?

FRANCIS.

Général, jour par jour j'ai écrit ce qui sortait de votre bouche.

NAPOLÉON.

Oh le brave garçon! *God save Francis the king* ! (Dieu sauve Francis le roi). »

Le lendemain j'apportai mes notes à

Napoléon : il en fut enchanté, me combla de caresses ; et lorsque dix heures sonnèrent, il s'approcha de la fenêtre en me disant : « Pour cette fois, Francis, vos notes seront faciles de rédaction ; écrivez :

« Je ne suis pas Sylla,
» Je ne suis pas Auguste,
» Je suis Auguste et Sylla. »

« Lorsqu'Auguste fut une fois le maître, la politique le fit travailler à rétablir l'ordre, pour faire sentir le bonheur du gouvernement d'un seul.

« Auguste ne parla que de la dignité du sénat et de son respect pour la république. Il songea donc à établir le gouvernement le plus capable de plaire qui fût possible sans choquer ses inté-

rêts : gouvernement ambigu qui, n'é-
tant pas soutenu par ses propres forces,
ne pouvait subsister que.....

« On a mis en question si Auguste
avait eu véritablement le dessein de se
démettre de l'empire....

« Je me détermine par toute la vie
d'Auguste; et, quoique les hommes soient
fort bizarres, cependant il arrive très
rarement qu'ils renoncent dans un moment à ce à quoi ils ont réfléchi pendant
toute leur vie....

Oui, j'aurais abdiqué en 1815, et
j'aurais voulu vivre, avec ma femme et
mon fils dans une jolie métairie près de
Brienne.

« Ils ne l'ont pas voulu, et m'ont

poussé vers Moscow; ils voulaient voir
Alexandre avec ses cosaques dans Paris.

« Sylla se défiait de la dictature, mais
dans toute la vie de Sylla, au milieu
de ses violences, on voit un esprit républicain. Tous ses réglemens, quoique
tyranniquement exécutés, tendent toujours à une certaine forme de république. Sylla, homme emporté même violemment les Romains à la liberté.

« Pendant que sous Sylla la république reprenait des forces, tout le monde
criait à la tyrannie. »

Napoléon cachant sa tête dans ses
mains, demeura quelque temps médi-
tatif ; puis il dit avec vivacité : « C'est
bien cela ; les têtes fortes sont prophé-

5

tiques , parce que l'avenir n'étant que
la conséquence rigoureuse du passé , il
suffit de voir le passé pour comprendre
l'avenir.

« Il y a cent prophéties dans Montes-
quieu ; toutes s'accompliront à la lettre.

« Il ne fallait pas être un bien grand
sorcier pour prédire Napoléon quand la
république a commencé. De l'anarchie
doit sortir immanquablement la monar-
chie militaire. Le monarque pour s'em-
parer du trône , éloigner ses rivaux ,
doit être un homme habile.

« Pour mériter les suffrages , il doit
être juste.

« Pour éblouir la multitude , il doit
être couvert des lauriers de la guerre.

« Il doit fonder sa puissance sur des lois.

« Or, voilà Napoléon général républicain, éloignant les consuls, vainqueur en Italie, rendant justice à chacun, travaillant au code civil. »

Napoléon passa presque subitement d'une douce gaîté à un affreux désespoir, s'écria-t-il:

« On insulte la France, ce n'est pas l'opinion de la France, jamais la France n'eût refusé de recevoir mes cendres; les députés sont vendus! c'est une infamie! »

« Les premiers jours d'octobre 1830 seront une tache ineffaçable à la gloire des Français. L'histoire dira que le corps législatif a refusé de recevoir les cendres de Napoléon. Le peuple me vengera.

« Placez mes cendres entre celles de Louis XVI et de Louis XVIII.

« Lâches représentans ! vous trahissez la conscience des Français qui portent mon souvenir dans leur cœur.

« Vous avez peur de mon fils, peur de l'élève de Metternich, peur d'un enfant corrompu par la mollesse et le fanatisme, peur d'un fruit gâté dans sa fleur.

« Bonaparte est tout seul ; seul il doit rester sur la scène du monde ; sans précédent, sans suite. Dites-moi quel est le père du soleil et quel est son fils? »

En parlant ainsi, le général versait d'abondantes larmes qui se séchaient sur ses joues brûlantes. J'étais vivement

ému ; et, bien que je n'aie pas compris
la plus grande partie des prophéties qu'il
m'a dictées , l'action avec laquelle il
parlait me faisait comprendre que tout
cela était du plus grand intérêt dans
l'avenir.

Du jeudi 29.

Ce soir Napoléon m'a donné rendez-
vous dans le jardin de Long-Wood ; mais,
M. de Montholon ne l'ayant pas quitté
d'un instant , je n'ai pû m'entretenir
avec lui. Il sortit en calèche et je déses-
pérais de le voir ce jour-là , lorsqu'une
pluie abondante étant venue à tomber,
obligea tout le cortége de rentrer à Long-

Wood. J'entrai dans le cabinet du général. Telles ont été ses paroles :

« Les jésuites seront le véritable pouvoir de France dans les années 22 , 23 , 24 , 25 et 26.

« Leur pouvoir viendra de quelques honnêtes gens qu'ils auront affiliés.

« Ils empoisonneront un homme de la naissance la plus illustre , parce que cet homme associé à leur compagnie les aura ménacés de dénoncer au Roi certains projets qu'on avait cru pouvoir confier à cet honnête homme pour l'essayer.

« Les Bourbons exciteront contr'eux la haine publique en protégeant les jésuites.

« Les défenseurs des jésuites seront lapidés dans le mois de juillet 1830 ; mais les jésuites seront plus forts que jamais : beaucoup d'honnêtes gens seront dupes de cette société. »

Du 30.

Napoléon a passé la soirée à pleurer sur l'injustice qu'on lui prépare ; il dit que son projet est de demander au duc d'Angoulême, devenu Roi, l'autorisation d'aller mourir en France. «Le duc d'Angoulême ne refusera pas, dit Napoléon, mais voudront-ils ? »

Du vendredi, 1er mai.

Napoléon est monté sur la colline qui

domine Huts gate, et s'est fait apporter une longue-vue pour découvrir deux bâtimens venant du Cap, l'un de 74 canons, et l'autre de 58.

En les voyant, il s'est écrié : « Voilà deux vaisseaux qui seront dans le port de Cherbourg au moment où le roi de France y arrivera en fugitif avec sa famille. 1830 est fertile. »

Du 2.

« La plus belle expédition sera tentée par les Français dans l'année 1833. Ils marcheront sur la Chine avec l'autorisation de toutes les puissances, étonnées d'une pareille entreprise. »

Du 3.

« Dans les premiers mois de 1831, épouvantable épidémie en Afrique, mort d'un grand nombre de Français. Ce sera une chose heureuse pour la France, étouffée par la surabondance de sa population. »

Du 4.

Napoléon était d'une gaîté charmante parce qu'on lui avait parlé dans la matinée de son fils chéri. « Comme le roi de Rome sera beau, disait-il, ce sera un blondin, un Louis. Si je peux jamais l'embrasser, je mourrai content.

Un père qui peut faire sauter son fils
sur ses genoux est le plus heureux des
hommes; » puis ayant médité un instant, il dit :

« Jamais, jamais! Malheureux Napoléon , vois-tu la voiture d'or du sacre?
1825. Vois-tu ces gens-là? Les voilà ren-
versés. D'autres, mais jamais ton fils.
Ton fils est abandonné.

« Dans l'automne de septembre 1828:

      Amiens ,

      Arras,

      Lille.

« Voilà les peuples et leurs fêtes. La
canaille crierait bien autrement, si l'on
vous menait pendre.

« Les moulins à vent de Lille sont

moins stupides que la multitude qui
crie. »

Du 11.

« Le roi de France sera le premier
aide-de-camp d'un émigré républicain.
Tous les Français jouent au soldat de
1830 à 1832. Ce terme expiré, ils rient
beaucoup. »

Du 12.

« Dans l'année 1827 , le commerce
intérieur en France sera fort brillant.
La pusillanimité du gouvernement em-
pêchera les relations extérieures d'obte-

nir un plus grand développement; mais
en 1832, le pavillon français se faisant
respecter en tous lieux, le commerce,
un instant languissant, se relèvera et
surpassera en France les plus belles opé-
rations de l'Angleterre. »

Du 13.

« Le prince de *** est pendu par
une catin au moment où les Bourbons
sont culbutés par les prêtres. Année
froide et pluvieuse; beaucoup de maladies; tristesse. Le petit peuple attaque
le luxe des riches, ne voulant pas comprendre que le luxe est un impôt que le
travail lève sur la vanité. »

Date oubliée.

Il est arrivé il y a quelques jours une flotte venant de la Chine. Napoléon, apercevant le pavillon aux trois couleurs qui flottait sur un vaisseau hollandais : « La Chine reverra ce drapeau avant peu de temps, dit-il, et la Hollande sera bien faible alors.

« Les peuples deviendront fous.

« Ils se croiront plus sages que jamais, et ne voudront plus souffrir qu'on les conduise.

« Vous verrez de singulières choses, jeunes hommes de trente ans.

Les officiers qui montent la flotte sont vraiment impertinens à force de curiosité et d'admiration pour le général. Ils le poursuivent partout. Hier soir, à dix heures, comme je quittais le rendez-vous que m'avait donné Napoléon, je fus arrêté par trois Belges qui me tourmentèrent jusqu'à ce que je leur eusse fait connaître le chemin qui conduit au cabinet de Napoléon. J'ai su qu'ils avaient forcé le général à se mettre à la fenêtre, en poussant des cris qui attirèrent sa curiosité, et qu'ensuite ils s'excusèrent le plus humblement possible sur ce que, devant partir le lendemain, ils n'auraient pas osé retourner dans leur famille, et dire qu'ils avaient relâché à Sainte-Hélène sans avoir vu Napoléon.

Le général me dit le lendemain : « Les

bonnes gens d'hier ne se doutent pas du sort qui les attend : ils seront tous égorgés dans le parc de Bruxelles : car, je vous le dis : les peuples se font plus de mal à eux-mêmes que ne pourraient leur en faire les plus cruels tyrans. »

Du 22.

« Benjamin Constant rapporte en ce moment une conversation qu'il dit avoir eue avec moi, à mon retour de l'île d'Elbe. Il me fait dire que *la vie d'un roi constitutionnel me conviendrait*. C'est une mauvaise plaisanterie dont personne, j'espère, ne sera dupe. Moi et le gouvernement des avocats, nous ne pouvons aller ensemble.

Du 23.

« La surabondance de population est le plus grand fléau d'un État.

« Les hommes ne sachant plus que faire, des bandes de brigands s'organiseront dans les départemens de Seine-et-Marne, de la Marne, de la Haute-Saône, de la Côte-d'Or, du Rhône. Une foule d'ouvriers déserteront les ateliers de Lyon devenus inutiles pour s'adjoindre à ces bandes. Un mélange de barbarie et de probité formera le caractère des bandits, qui seront enfin détruits par les gardes urbaines. Tout cela arrivera de l'année 1829 à l'année 1831. »

Du 24.

« Étoile qui dirigeas ma vie, pourquoi t'éloignes-tu ? Pourquoi ne viens-tu pas chaque jour ?

« Tu m'aidas à supporter la grandeur, aide-moi donc aussi à supporter l'adversité !

« Mon étoile s'éteint, je ne tarderai pas à la suivre. Adieu, Francis, adieu. Napoléon n'ouvrira plus devant toi le livre de l'avenir. Je ne vivrai plus dans le souvenir des Français que pour supporter leurs injures !

« Ils m'accuseront d'avoir trahi la liberté ! »

6

Du 25.

« J'étais premier consul ; aux environs de Boulogne, comme je me promenais avec l'impératrice Joséphine, je vis arriver la députation d'un petit village. Celui qui marchait en tête des paysans m'adressa les paroles suivantes : »

« Général,

« Nous sommes ici vingt pères de famille qui vous offrons une vingtaine de gros gaillards qui sont et qui seront toujours à vos ordres.

« L'impératrice s'étonna de me voir triste et de ne pas partager l'hilarité que lui causait la franchise du campagnard.

C'est que dans ce moment la nuit tombait, et que, mon étoile ayant paru sur l'horizon, je vis distinctement Arthur Wellesley (depuis lord Wellington) qui entrait en triomphe dans les Tuileries; les femmes françaises lui jetaient des fleurs, baisaient les basques de son habit; on dansait dans les Tuileries. »

Du 26.

« Ce coquin d'évêque défroqué sera donc de toutes les parties? c'est encore pis que l'aumônier du dieu Mars.

« Cette ambassade compromettra une bonne cause.

« En 1822 mourra le duc de Richelieu, qui est un honnête homme. »

Du 27.

« Trois rois de France et pas un. »

Du 28.

« Beau discours du comte Alexis de Noailles en faveur de la Grèce. Je lui pardonne une partie du mal qu'il m'a fait, les services qu'il a rendus à la Russie. C'est un courtisan républicain, autrement dit un esprit faux. Les Jésuites le perdront. »

Du 5 juin.

« En 1850, Châteaubriand mourra

pauvre, honoré de tous les partis, et regrettant les travers de sa vie. Il aurait pu vivre si heureux à composer de beaux romans dans un faubourg de Paris ! Il a voulu être homme d'état : ce n'est pas son rôle.

« Les jeunes gens lui donneront le sobriquet de *Bonaparte homme de lettres.*

« On lui élevera une statue dans les jardins du Luxembourg, et pendant un mois entier les femmes apporteront des fleurs sur sa tombe.

« Jamais l'enthousiasme n'aura été porté à ce point. Une réunion de jeunes étudians de l'école de droit accourra vers le Luxembourg ; la statue de Château-

briand sera enlevée et portée en triomphe dans le Panthéon. »

Du 18.

Tandis que, placé sous la fenêtre de
Napoléon, je m'entretenais avec lui,
on est entré dans son cabinet, et on lui
a remis les journaux de France. Après
les avoir lus quelque temps avec beaucoup d'attention, il est parti d'un éclat
de rire, disant : « Les sots m'ont accusé
d'avoir eu un sceptre de fer; mais ma
foi aujourd'hui j'espère qu'ils ne peu-
vent pas se plaindre : c'est un sceptre de
fromage blanc. Quel tripotage ! quel
gâchis ! Allons donc ! c'est impossible :

je valais mieux que cela. De mon temps on ne salissait pas tant de papier, mais il y avait plus de gloire à être Français.

« Des confesseurs et des comtesses dévotes autant que libertines.

« Des ministres muets et des tribuns bavards.

« Un roi cagot pour gouverner des athées.

» Des soldats qui n'osent pas avoir de l'attachement pour le prince, qui ne savent à qui obéir.

» Tout cela finira mal. »

Tandis que Napoléon parlait ainsi, M. de Montholon a fait demander la

permission de se présenter ; il a dit, en
entrant, que madame de Montholon
venait d'accoucher d'une fille, et a de-
mandé si l'*empereur* (c'est l'expression
dont se servent toujours les Français en
lui parlant) consentirait à en être le
parrain. Le général a consenti.

Quand M. de Montholon fut sorti :
« Hélas ! je n'ai pas osé lui dire, s'écria
Napoléon, que sa fille naissait dans un
jour néfaste : c'est aujourd'hui l'anni-
versaire de Waterloo.

« La mort du maréchal Ney trouvera
des vengeurs, de glorieux vengeurs.

« De quoi l'ont-ils puni ? D'avoir
quitté les Tuileries avec l'intention de
me ramener dans une cage de fer. Fut-

ce sa faute si la vue de son empereur le frappa de majesté, si le concours de toute une armée qui tombait à mes genoux l'entraîna malgré ses projets ? »

Du 20.

« Le plus grand homme de la France, c'est aujourd'hui le général Foy.

« Lainé, l'insolent Lainé, est, après lui, le seul homme d'état qu'ils aient.

« Benjamin-Constant est un finassier : en 1832 l'opinion publique sera tout-à-fait revenue sur son compte.

« Bertin de Vaux est l'homme que j'enverrais à l'ambassade d'Autriche. Sa belle stature produirait un excellent

effet sur les caillettes qui intriguent autour de Metternich; et je le crois fin,
même un peu faux : c'est ce qu'il faut
en Autriche. En 1834, Bertin de Vaux
sera aux relations extérieures.

Du 22.

« Cambacérès mourra comme un
gentillâtre du faubourg Saint-Germain.
Des armoiries, des Suisses à Saint-Tho-
mas-d'Aquin! C'était, ma foi, bien la
peine! un consul de la république française! »

Du 23.

« Le duc de Cadore, que j'ai beaucoup

aimé, conservera jusqu'à son dernier jour sa tendresse pour les femmes. Le sort le traitera en enfant gâté ; ses maîtresses, en vieillissant, conserveront quelque beauté. Il mourra dans l'année 1832, estimé de tous ceux qui l'auront connu.

« Sa mort sera précédée par celle de Talleyrand, qui mourra sur un vaisseau. Comme Brutus et Cassius étaient les derniers Romains, le duc de Cadore et le prince de Bénévent seront les derniers hommes d'esprit en France.

« Car c'est une chose qui fera pitié de voir la légèreté française s'occupant de prendre un air sérieux. La littérature, les réunions, la politique, tout en

France se ressentira de cet engoûment.
La tristesse remplacera la légèreté; et
l'on aura de la pesanteur sans profon-
deur. Comme les hommes, les nations
ont un génie qui leur est propre, et
auquel elles ne renoncent pas impuné-
ment. »

Du 27.

« Une société surgira tout-à-coup du
tumulte des révolutions. A l'instar des
premiers chrétiens, d'abord inaperçue
et méprisée, elle grandira d'une prodi-
gieuse manière; et ses dogmes, dans le
principe traités de folie, deviendront
un jour le code de l'univers. »

Du 6 juillet.

Aujourd'hui le général a beaucoup parlé de cette demoiselle Lenormant qu'il a déjà citée. C'était une fille fort extraordinaire, qui eût pu jouer un grand rôle dans le monde, si elle eût eu plus de hardiesse. Napoléon a dit : « J'appris qu'elle voulait publier les malheurs que l'avenir me préparait. J'allai la trouver, et la menaçai des oubliettes de Vincennes. Cette pauvre fille, toute tremblante, me jura que personne au monde n'entendrait parler, ni de l'île d'Elbe, ni de Sainte-Hélène; qu'elle aimerait mieux renoncer à son art que de troubler en rien le repos de ma Majesté. »

» J'ai souvent regretté d'en avoir ainsi agi avec elle, non pas que j'éprouvasse des remords d'avoir parlé d'oubliettes (c'était plaisanterie de ma part), mais j'aurais voulu que le monde connût ces prédictions : en les voyant accomplies, on n'eût pu douter de la mission que j'avais reçue. »

Du 7.

Napoléon, ayant regardé pendant quelque temps vers son étoile, se promena, les mains croisées sur le dos, d'un air fort préoccupé. Il laissait échapper des cris d'étonnement, puis il ajoutait : « Abolir la peine de mort, c'est impossible ! »

« Quel serait le but des législateurs ?
d'arrêter le sang qui coule dans les révolutions.

« Ils obtiendraient des résultats tout
opposés.

« Le peuple , ne comptant plus sur
ses magistrats pour exercer sa vengeance,
l'exercerait lui-même.

« Les efforts des bons cœurs seront
inutiles , et loin de vivre dans une époque où la mort ne sera plus donnée par
la main de l'homme , jamais plus terri-
bles années n'auront effrayé les nations.

« Le peuple a besoin d'un horrible
spectacle ; celui de voir un homme qui
va mourir. Privez-le de l'opéra , de

Franconi, des distribution s des Champs-
Élysées , mais laissez-lui la place de
Grêve.

« Quatre hommes célèbres seront
écharpés par le peuple dans l'année
1830.

« Leur mort aura des conséquences
que ne prévoyaient guère ceux qui pré-
tendaient sauver leur vie et ceux qui
demandaient leur tête. »

Du 18.

« Oui, gros Pif-Pouf, ils me regret-
teront ; et ceux qui ont refusé mes
cendres seront traités comme ils le mé-
ritent , des parlasseurs, des parlassiers,
des avocassiers.

« Ils ne comprennent pas la gloire française.

« Mes conscrits n'ont pas couru au corps législatif pour les culbuter.

« Ces péquins-là ! »

Le général était aujourd'hui d'une humeur charmante ; il riait en parlant de ceux qui voulaient l'empêcher d'entrer en France, et s'écriait qu'un nouveau 20 mars se lèverait plus extraordinaire encore que le premier.

Du 21.

« De grandes destinées attendent la ville de Lyon, ma chère ville de Lyon.

« En 1815, je voulais en faire ma ca-

7

pitale ; je me suis repenti de n'avoir pas
obéi à cette pensée.

« Mais voilà que le coq des Gaulois a
fixé son séjour dans cette vieille métro-
pole des Gaules, et qu'il abandonne ce
Paris, si léger, si frivole, si badaud, si
crédule, si corrompu ; ce Paris si brillant, si aimable.»

Du 30.

« J'ai chassé la république de Saint-
Cloud, on en chassera la royauté. »

Du 4 août.

» Mon pauvre enfant, je ne pourrai
donc t'embrasser avant de mourir !

« Et ma femme, la femme de l'empereur qui ne peut conserver fidélité à
ma mémoire.

« Cependant, Marie - Louise n'était
pas entraînée par les sens.

« C'est une injure qu'ils veulent me
faire, une douloureuse injure. Ils crai-
gnent que je ne meure pas assez tôt.

« Deux ou trois femmes qui m'ont aimé à Paris et qui m'ont reçu dans leurs
bras, me conserveront plus de fidélité. »

Du 15.

« Une tragédienne sera long-temps
chère aux Français pour avoir été un
moment ma maîtresse.

» Long-temps et lors même qu'elle aura vieilli, les jeunes gens envieront ses faveurs par la seule raison qu'elle aura été reçue dans le lit de Napoléon. »

Du 6 septembre.

« A la chambre des pairs je ne donne pas quinze ans d'existence. »

Du 9.

« Les journaux qui firent un moment les délices de la France tomberont tout à coup dans un abandon absolu.

« Ce caprice ne durera pas long-

temps, et, dans l'année 1833, les feuilles de Paris qui, dans l'année 1825, paraissaient suffir à la curiosité publique,
auront doublé de nombre et de format.

« Alors on se fera journaliste comme
on se faisait orateur en 92, comme on
se faisait militaire de mon temps, pour
dominer. »

Du 3 octobre.

« J'envie le sort du duc d'Orléans;
il est aimé du peuple, et la sagesse de
sa conduite forcera l'aristocratie à faire
comme le peuple.

« Il mettra fin au malaise de la nation. »

Du 22.

« Quand on fait la guerre comme je la faisais , on peut donner 30,000 fr. à un receveur d'impôt ; mais quand on a une chambre des députés qui lave le linge sale du gouvernement devant la nation, il faut donner 1500 fr. à tous les commis. Le travail n'en ira que mieux. »

Du 25.

« Le nommé Guizot sera trois mois ministre : l'incapacité qu'il montre dans le choix des hommes lui fermera pour jamais la porte de l'administration.

« Il sera remplacé par un homme que

je n'aime pas, mais qui, seul peut-être, est capable de ramener en France le bon ordre et l'obéissance. »

Du 9 novembre.

Aujourd'hui le général était sur son lit, souffrant, triste, abattu. Sir Hudson-Lowe refusait de faire venir les remèdes que demandait le docteur Antomarchi. Au moment où j'entrai, Napoléon essuyait les larmes qui coulaient de ses yeux : « Mon bon Francis, me dit-il, tu ne me verras bientôt plus.

« Au mois de mai prochain j'irai me coucher près de la fontaine.

« Que deviendrai-je ?

« Mon ame renaîtra parmi les fleurs.

«O France ! un saule pleureur sur les bords de la Seine , près des Tuileries , voilà tout ce que je demande.

« Le Roi Louis XVIII reposera seul près de son neveu dans les caveaux de Saint-Denis.

« A peine si l'on saura qu'un prince de Condé a été jeté avec eux ; car le temps n'est plus où l'on s'inquiétait de bien placer les morts ou d'exhumer leurs cendres. Je suis le seul dont on ait craint le cadâvre. Il faut que tous les malheurs s'attachent à moi.

« Le successeur de Louis XVIII sera enterré aux bords de la Bérésina , non loin du pont si fatal aux Français. »

Du 5 décembre.

« Après les prêtres, ce qui perdra les Bourbons ce seront leurs ministres. Leur incapacité passera en proverbe ; non pas que les hommes en eux-mêmes soient plus ineptes que le commun du peuple, mais les Bourbons ne les placeront jamais selon leur genre de mérite. D'un militaire ils font un financier, d'un financier un garde des sceaux, d'un prédicateur un homme d'État.

« Roy ne sait administrer que ses propres finances. On se souvient du mauvais état où il laissa l'héritage du duc de Bouillon !

« Louis n'entend rien non plus à ce déparment.

« Martignac est un homme de boudoir
à qui il faut un cercle de femmes qui
applaudissent à ses mignardises ; mais
c'est un garçon fort déplacé là où il s'a-
git de gouvernement.

« Mon cousin Sébastiani ne manque
pas de grâce et de dignité dans sa petite
taille. Si la botte à la hussarde pouvait
produire quelqu'effet au conseil d'État,
Sébastiani serait un conseiller du premier mérite.

« L'année 1831 viendra mettre fin à
ce ridicule système d'administration.
Alors le département de la marine sera
dirigé par le savant Tupinier ;

« Celui des finances par le banquier
Lafitte ;

« Celui des affaires étrangères par Bignon ;

« Celui de l'intérieur par l'intègre Daunou.

« Un professeur sera chargé de l'instruction publique, et ce sera Tissot.

« A la guerre ils nommeront un brave, le colonel Marbot.

« Le jeune Le Rouge, avocat à Dijon, déploira au département de la justice un talent qui, pour être admiré, ne demandait qu'un plus vaste théâtre. »

Du 18 janvier.

Nous avons eu aujourd'hui une course de chevaux ; Napoléon l'a regardée par

une fenêtre de Huts'gate. Après la course
où deux de ses chevaux avaient couru, il
était d'un a été charmante, il me dit:

« Quel . eau pays que la France ,
comme ils sont heureux et tranquilles !
De beaux souvenirs de gloire et l'aisance
que donne le commerce et la paix.

« Cependant on n'aime pas être heureux trop long-temps. »

« Dix ou douze ans de bonheur , c'est
bien de la constance pour ce pays vo-
lage.

« O France! belle amie, charmante
folle, coquette aimable, France, France,
ma chérie, quel caprice s'empare de toi
et pourquoi t'aller jeter ainsi au travers
des expériences? Assez, assez ; tu es encore toute meurtrie du passé.

« Le sang coule ; le torrent a rompu tous les obstacles. »

Du 20 mars.

« Dieu est grand, et sa volonté est immuable, ô pauvre matelot anglais, tu s'autant aux yeux de Dieu que le prince égent d'Angleterre.

« Grands philosophes, ne croyez pas à la fatalité. Non ; Dieu est un monsieur omme vous, qui veut une chose, puis ne autre, puis encore une autre, et qui evient ensuite à la première ; à moins outefois qu'une de vos actions, une de os paroles, une de vos pensées, ne l'ait ait changer d'avis. Sans doute il est à otre disposition ?.. imbécilles !

Du 31.

« La ville de Dunkerque sera surprise par les Anglais qui, dans l'espace de trois jours, passeront au fil de l'épée une partie des habitans.

« Gravelines résistera, Boulogne soutiendra le choc des ennemis et se couvrira de gloire. »

Du 1er avril.

« Dormez, fils des preux, votre camarade repose de l'éternel sommeil, dormez.

« Amiens donnera trois ministres à la France dans l'espace de trois années, 1832 à 1835.

« La ville de Chaumont sera ruinée par un incendie.

« La ville de Salins éprouvera le même sort ainsi que celle de Tournas.

« Le Panthéon sera englouti dans l'année 1833, et de grands malheurs accompagneront cette destruction. »

Du 25.

Moi, je m'en vais près de celui qui m'a envoye, près de ceux auxquels j'obéissais; puissent-ils ne pas me reprocher ma vie ! J'aurais voulu mourir à la tête de mon armée. »

Du 26.

« La Napolitaine, que le duc de Berry a épousée, sera chère aux Français qui verront avec peine les malheurs dans lesquels l'entraîneront des prêtres et des cagots. C'est vraiment une Française ; si Marie-Louise eût eu un semblable caractère, probablement nous ne serions pas aujourd'hui à Sainte-Hélène.

« La duchesse de Berr y sera regrettée. »

Du 27.

« Il y aura un moment à Paris où le peuple ira en carrosse tandis que les riches n'oseront plus y aller »

Du 30.

Napoléon était fort souffrant. Tout en causant avec moi, il n'a cessé de boire beaucoup de limonade.

« Si je te disais, mon cher Francis, me dit-il, qu'on a voulu me faire sauter avec une voiture de poudre, et qu'on prépare une semblable machine pour l'année 1820, que dirais-tu?

« Tu me regardes? Eh! bien l'on en prépare une troisième pour l'année 1830.

« Quand le peuple se plaint hautement, c'est une preuve qu'il est libre.

8

«Les niais! parce que le peuple crie, ils disent qu'on l'opprime. Il ne criait pas du temps de Robespierre!

« J'espère beaucoup d'un jeune sous-officier que je vois en ce moment en garnison à Lille. Si je leur disais qu'il deviendra l'homme le plus puissant de l'Europe, ils riraient de pitié. Et moi, qu'étais-je à Auxonne? Il se battera en 1823. »

Du 1er mai

« Le même pays n'élève pas deux grands hommes de même nature. J'ai épuisé Brienne et Auxonne. »

Du 2.

Napoléon garde la chambre depuis plusieurs jours. L'air de Sainte-Hélène le tuera.

Je suis entré dans sa chambre avec beaucoup de peine. « Francis, me dit-il, elle s'éteint et je n'ai plus rien à te dire. Prie pour moi. »

Du 3.

Napoléon est dans un état de souffrance qui fait pitié. Chaque fois qu'il respire, c'est un tressaillement doulou-reux que je ressens pour ainsi dire aussi vivement que lui.

MORT DE NAPOLÉON.

Depuis quelque temps une pensée semblaitoccuper continuellement l'âme de Napoléon ; c'était celle de sa mort. Il avait choisi pour lieu de sa sépulture le site le plus agréable de l'île : c'était une fontaine ombragée de saules pleureurs, à quelque distance d'une première maison qu'occupait le général Bertrand. L'Empereur y venait faire souvent des lectures et ne se retirait jamais sans avoir bu un verre d'eau. On a remarqué que cette eau avait la même pesanteur et les mêmes propriétés que celle d'Arcueil.

Napoléon avait été instruit par sir Hudson Lowe des intentions du gouvernement anglais à son égard. Le prince régent avait décidé que le corps du prisonnier serait transporté en Angleterre, afin qu'on pût vérifier l'identité, mesure prise par la sainte alliance qui n'a pas eu un instant de repos tant que Bonaparte a respiré ; mais le grand homme ne pouvait calculer sur la bassesse de ses ennemis. Il croyait qu'après sa mort leur rage serait assou-

vie et qu'on permettrait à ses cendres de reposer dans le lieu qu'il avait
désigné. Souvent on l'a vu fondre en larmes en disant que la terre française ne
couvrirait pas ses ossemens. Cependant
dans la crainte d'exciter en France de
nouveaux troubles, il avait renoncé au
généreux désir de léguer son cercueil
aux Français.

Il aurait voulu que son fils traversât
les mers et vînt chercher pieusement la
cendre de son père. Nous avons vu avec
une profonde douleur l'indifférence que
le duc de Reischtadt a témoigné à cet
égard.

Sur la fin de l'année 1820, M. Ber-

trand écrivit au cabinet anglais pour lui
faire connaître l'état de Napoléon. A la
même époque, on fit publier dans l'île
que le prisonnier était attaqué d'un ané-
vrisme compliqué, d'une maladie au
foie et qu'on ne pouvait rien espérer
de sa guérison qu'autant qu'il serait
conduit en Europe pour y prendre les
eaux minérales et respirer l'air du Midi.
Lorsque le docteur Antomarchi était
arrivé à Ste.-Hélène, il avait été d'ac-
cord avec cette opinion, déclarant que,
si l'on persistait dans la résolution de
tenir Bonaparte à Ste.-Hélène, toute
sa vie ne serait qu'une pénible agonie.
La lettre de M. Bertrand était écrite

à attendrir le cœur le plus féroce, ce
qui n'empêcha pas le gouvernement
anglais de refuser formellement. Alors
M. de Montholon écrivit à la princesse
Borghèse pour la prier de faire des démar-
ches en Europe, lui montrant l'inutilité
de celle qui avait été faite par M. Bertrand.
Tout le monde sait que la princesse agit
dans cette circonstance avec le plus
grand courage et se montra un modèle
de piété fraternelle; elle écrivit à Liver-
pool : « Un Italien, lui disait-elle, qui
vient d'arriver ici, nous a apporté des
nouvelles de Ste.-Hélène, la santé de
l'empereur est dans l'état le plus alar-
mant; je vous envoie ci-jointes les copies

des lettres qui vous donneront les dé=
tails les plus tristes sur ses souffrances.
Les maladies du foie sont mortelles dans
l'île où il est prisonnier. Milord, je me
jette à vos genoux, et au nom de toute
la famille de Bonaparte, je vous demande de transférer dans un climat
plus doux mon malheureux frère. Si
votre gouvernement rejetait ma prière,
il prononcerait l'arrêt de mort de Napoléon, et néanmoins j'aurais encore une
grâce à vous demander, ce serait qu'on
me permît de partir pour Ste-Hélène,
afin d'aller recevoir le dernier soupir
de l'empereur. »

On n'accorda à la princesse de Borghèse que sa dernière demande ; mais, au moment de partir, elle apprit qu'il n'était plus temps.

Déjà le 17 mars 1821, le docteur Antomarchi avait écrit à M. Simon Colona : « Dans l'état où sont les choses, je me crois obligé à déclarer ouvertement à l'Europe toute occupée de Napoléon, que les progrès de la maladie augmentent de jour en jour, et que bientôt tout sera consommé. Je vous assure que notre art ne peut rien contre l'action constante du climat, et si le gouvernement anglais ne se hâte de retirer son prisonnier, c'est une preuve qu'il veut le faire mourir.

« Notre nation demeurera éternelle-
ment chargée d'un crime qui a fait couler les larmes de toute l'Europe ; on dira
que nous avons laissé périr celui qui
s'était confié à votre loyauté et qui ne
demandait qu'à respirer l'air de l'Europe , à embrasser encore une fois son fils
avant de fermer pour jamais les yeux. »

Le vendredi 17 mars, Napoléon , à son
lever, poussa un cri aigu , devint pâle
et tomba évanoui sur un fauteuil ; le
docteur Antomarchi arriva en toute
hâte et lui fit respirer un flacon d'éther ;
Napoléon se leva et se promena dans sa
chambre , appuyé sur le bras de Marchand. Le docteur Antomarchi lui con-

seilla de se coucher et de prendre pour toute nourriture une tasse de limonade: «Qu'importe ce que je prenne? répondit Napoléon, ma besogne est faite et je m'en vais; mais il faut mourir en règle, il faut faire sa cour à la Faculté pour qu'elle ne dise pas de mal de moi après ma mort. » Ensuite il s'approcha de la fenêtre et se complut à considérer le ciel qui était alors d'une admirable pureté. Se sentant une grande chaleur à la tête, il dit en se retournant avec vivacité : « Voyez comme j'ai la figure brûlante ! Voilà comme sont les hommes qui maîtrisent leur douleur ; j'ai du plomb

fondu qui bouillonne dans ma poitrine
et qui la ronge. »

On le coucha sur son lit, entra Madame Bertrand, Napoléon lui tendit affectueusement la main : «lisez-moi donc quelque chose, lui dit-il, avec Talma, vous êtes la seule personne de ma connaissance qui sache lire.» Madame Bertrand courut à la bibliothèque et chercha quelque chose qui pût plaire au malade ; elle revint avec plusieurs livres ; aucun ne fut du goût de l'empereur : après avoir cherché quelque temps : « Vous allez rire, dit Napoléon, mais je vous assure que j'aurais grand plaisir à entendre encore une fois l'histoire de

Manon-Lescaut ; mais vous ne voudrez
pas me la lire, madame la maréchale,
c'est un roman d'anti-chambre, n'est-
il pas vrai ? « Sans se faire prier d'avantage, madame Bertrand courut à la
bibliothèque, rapporta le livre deman-
dé, et s'étant placée près du lit de Napoléon, elle commença la lecture, à
partir du moment où le prince italien
suit Manon dans les allées du bois de
Boulogne ; de temps à autre Napoléon
souriait, disant : « Oh ! la bonne fille !
oh ! que c'est bien cela ! » craignant de
fatiguer la voix de madame Bertrand,
il la pria de ne pas continuer d'avantage.
On causa quelque temps autour du lit

de Napoléon ; il se leva , marcha encore
un peu dans sa chambre , et chacun se
retira.

Le lendemain il y eut quelques inter-
valles de mieux, on dit même qu'il dicta
à M. Bertrand ; si l'on en croit M. Marchand, ce fut ce jour-là qu'il dit avec
une charmante gaîté : « Mon Dieu, si
j'ai le malheur d'être damné, ne me don-
nez pas pour diable sir Hudson-Lowe.
Il y avait dans la chambre un buste du
roi de Rome, sur lequel il arrêtait les
yeux avec tendresse, disant : « Je l'ai tant
désiré, j'espérais que son enfance fléchi-
rait le destin et que le ciel lui conser-
verait mon trône, un trône que j'ai

élevé moi-même, que j'ai bâti avec les décombres de la république; à qui sera-t-il donné? et dans vingt années d'ici, qui saluera-t-on, dans ces Tuileries où je faisais attendre tous les rois de l'Europe?»

Trois jours après, l'état de Napoléon était devenu beaucoup plus grave; de temps à autre le sang se portait à sa tête avec une telle violence qu'il en était comme suffoqué : quand il revenait à lui, c'était encore son fils qu'il demandait.

Le docteur Antomarchi ayant ordonné qu'il mangeât quelque peu de volaille, le malade répondit qu'il se sentait de la répugnance pour toute nourriture, «Mais du reste, ajouta-t-il, je suis disposé à

faire tout ce que vous voudrez ; qu'im-
portent les remèdes , je n'en reviendrai
pas ; si votre art peut m'éviter quelques
souffrances, j'accepte vos soins avec gra-
titude ; mais n'essayez pas de prolonger
le terme de ma vie, il est fixé. »

Depuis le commencement d'avril le
docteur Arnott s'était joint à M. Antho-
marchi. Le 3 mai on appela en consul-
tation deux médecins qui se trouvaient
ans l'île , les docteurs Shorst et Mit-
hell., ces Messieurs furent tous d'avis
r ce point, que le changement de cli-
t pouvait seul sauver la vie à l'em-
ereur.

Il fit venir son aumônier , s'entretint

9

avec lui pendant une heure ; le prêtre
fondait en larmes en sortant de la chambre de Napoléon ; dans ce moment le
capitaine Popleton étant venu s'informer
des nouvelles du prisonnier, il lui donna
une tabatière en camée antique qu'il tenait du pape, et dans laquelle il avait
eu soin de placer un billet avec ces mots:
« A lady Holland, témoignage de grati-
tude.» Puis une autre tabatière pour le
capitaine Popleton. Il paraît que l'état
de suffocation qu'il éprouva dans les
derniers jours, ne permit pas qu'on lui
donnât le viatique. Les dernières heures
offrirent le tableau le plus déchirant;
MM. Bertrand et Montholon, placés à

la tête du lit, avaient les yeux fixés sur
la figure du mourant, et versaient des
l'armes; un morne silence régnait dans
toute la maison, et n'était interrompu
que par les cris des sentinelles et les sanglots de madame Bertrand et de ses enfans.

A midi le délire commença, ce n'était
pas de la folie, mais seulement de l'exal-
tation : les premiers mots qu'il laissa
échapper dans cet état furent ceux-ci :
« Mon fils, il n'aura rien que mon nom. »
Pour la première fois il parla devant
les étrangers d'une femme qui souvent
lui apparaissait la tête armée d'un dia-
dème romain, dont chaque rayon res-

semblait à un poignard. M. O'Méara dit
que ses dernières paroles furent : *Mon
Dieu , nation française*; mais je ne les
ai pas entendues. Il rendit l'âme le 5
mai à 6 heures moins 10 minutes du soir.
Il serait difficile de faire un tableau du
désespoir qui , dans ce moment , s'empara de tous ceux qui étaient présens.
Le lendemain matin , à 7 heures , sir
Hudson-Lowe entra accompagné du con-
tre-amiral Lambert , commandant en
chef de la station , du marquis de Montchenu , commissaire du Roi de France ,
et de plusieurs officiers anglais.

A deux heures l'autopsie du corps eut
lieu en présence de MM. Bertrand et de

Montholon : voici le rapport des médecins.

A la première apparence, le corps paraissait très-gras, ce qui fut confirmé par la première incision vers le bas-ventre, où la graisse avait plus d'un pouce et demi d'épaisseur sur l'abdomen.

En pénétrant au travers des côtes et en examinant la cavité du thorax, on vit une légère adhésion de la plèvre gauche à la plèvre des côtes. Environ trois onces d'un fluide rougeâtre, étaient contenues dans la cavité gauche, et près de huit onces dans la cavité droite; les poumons étaient très sains, la péricarde était dans son état naturel, et contenait

environ une once de fluide ; le cœur
était de la grandeur naturelle mais
revêtu d'une forte couche de graisse ;
les oreillettes et les ventricules n'avaient
rien d'extraordinaire , si ne n'est que
les parties musculaires paraissaient plus
pâles qu'elles ne devaient l'être.

En ouvrant l'abdomen , on vit que la
coiffe qui couvre les boyaux (*l'omentum*),
était extraordinairement grasse , et en
examinant l'estomac , on s'aperçut que
ce viscère était le siége d'une grande maladie. De fortes adhésions liaient toute
la surface supérieure , surtout vers l'extrémité du pylore , jusqu'à la surface
concave du lobe gauche du foie ; en les

séparant on découvrit qu'un ulcère pénétrait les enveloppes de l'estomac à un pouce du pylore, et qu'il était assez grand pour y passer le petit doigt.

La surface intérieure de l'estomac, c'est-à-dire, presque toute son étendue, représentait une masse d'affections cancéreuses ou de parties squireuses, se changeant en cancer ; c'est ce que l'on remarqua surtout près du pylore : l'extrémité cardiaque, moins une petite étendue vers le bout, l'œsophage, était la seule partie qui paraissait saine ; l'estomac était presque plein d'une grande quantité de fluide ressemblant à du marc de café.

La surface convexe du côté gauche adhérait en diaphragme. A l'exception des adhésions occasionnées par la maladie de l'estomac, le foie ne représentait rien de mal sain.

Le reste des viscères abdominaux était en bon état.

Signé, Thomas Shorts, premier médecin; Arch. Arnott, médecin du 20e régiment ; Francis Burton, médecin du 66e régiment; Chass. Mitchell, médecin du Vigo ; Mathew Livingstone, médecin de la compagnie des Indes.

Lorsqu'on me fit entrer, avec les domestiques et les gens du voisinage, Na-

poléon était revêtu de son uniforme de
dragon, à paremens rouges, et recou-
vert de son manteau de Marengo (manteau bleu brodé d'argent) ; on lui avait
mis sur la poitrine les croix des diffé-
rens ordres qu'il avait portés, et un
crucifix d'argent.

Son corps ne fut point embaumé ; on
mit son cœur et son estomac dans une
coupe d'argent qu'on a mise dans le
tombeau, son corps fut placé dans un
cercueil de plomb revêtu de deux autres
cercueils, l'un de chêne et l'autre d'a-
cajou.

Napoléon avait sur le corps les cica-
trices de trois blessures, l'une à la tête

reçue au siége de Toulon, l'autre au ge-
nou faite par une balle à Ratisbonne, la
troisième à la cheville du pied reçue en
Italie.

Le corps fut conduit à sa dernière
demeure dans l'ordre suivant:

Napoléon Bertrand, fils du maréchal,
conduisait le deuil;

Un prêtre en habit ecclésiastique ;

Le corps sur une voiture attelée de
quatre chevaux ;

Le cheval de Napoléon ;

Douze grenadiers anglais;

MM. de Montholon et Bertrand ;

Madame Bertrand et sa fille en calèche
découverte ;

Lady Lowe et sa fille en calèche découverte;

Les domestiques de la maison ;

L'amiral et le gouverneur ;

Le général Coffin ;

Le marquis de Montchenu et les membres du conseil ;

Le régiment de Sainte-Hélène ;

Le 66me régiment;

L'artillerie royale ;

Le corps a été déposé dans un vaste caveau en pierre, au bruit des salves d'artillerie.